cupcakes

cupcakes

Susannah Blake

fotografias de Martin Brigdale

CUPCAKES
Publicado originalmente em 2007
Título original: **Cupcakes**
Por Ryland Peters & Small
20-21 Jockey's Fields
Londres WC1R 4BW

Designer Sênior Steve Painter
Editora Responsável Julia Charles
Editora Rachel Lawrence

Produção Gemma Moules
Diretora de Arte Anne-Marie Bulat
Diretora de Publicações Alison Starling

Food Stylist Linda Tubby
Estilista de Ambientes Helen Trent
Índice Hilary Bird

Tradução Sinésio Santos de Oliveira
Diagramação e revisão Ana Goyeneche

Rua Itaquera, 475 – 01246-030
São Paulo, SP
Tel./Fax: (11) 3661-6678
contato@ambientesecostumes.com.br

www.ambientesecostumes.com.br

ISBN 978-85-61749-42-2

Impresso e encadernado na China, por Toppan Printing Co. Ltd., para Ambientes & Costumes Editora Ltda., em janeiro de 2014.

Observações

- Todas as medidas de colheres são niveladas, exceto quando especificado de outro modo.
- Todos os ovos são médios, exceto quando especificado de outro modo. Ovos não cozidos ou cozidos parcialmente não devem ser servidos a crianças, idosos, pessoas com o sistema imunológico comprometido ou a gestantes.

Agradecimentos
A Fred, Eleanor e ao pequeno Tomski.

Sumário

preparando os cupcakes

Os cupcakes são o máximo da perfeição em doces, assados em belas forminhas de papel. São tão atraentes que nenhum adulto consegue resistir! Sejam decorados em tons pastel com deliciosas flores de açúcar ou apenas cobertos por uma generosa camada de chocolate meio amargo, esses doces elevarão seu espírito e abrirão um sorriso em seu rosto.

Podem ser consumidos a qualquer hora: no meio da manhã com uma xícara de café, no chá da tarde, ou ainda como sobremesa do jantar. São ótimos para levar na lancheira e para matar aquela fominha da meia-noite. Quando embalados com graça, são presentes adoráveis.

A receita mais simples de cupcake leva quantidades iguais de manteiga, açúcar, ovos e farinha, batidos com um pouco de leite até obter uma consistência homogênea e cremosa. A mistura é colocada em formas de bolinho e assada até crescer e dourar. Você pode adicionar aromatizantes à receita básica, como baunilha, limão ou chocolate.

receita básica de cupcake

115g/ 1 tablete/ 8 colheres de sopa de manteiga, em temperatura ambiente

115g/ ½ xícara de açúcar granulado

115g/ ½ xícara de farinha com fermento

2 ovos

2 colheres de sopa de leite

1 colher de chá de extrato de baunilha puro, casca ralada de 1 limão ou 2 col. de sopa de cacau em pó (opcional)

Uma assadeira de bolinho para 12 forminhas

Rende 12 unidades

Pré-aqueça o forno a 180°C (350°F – Gas 4). Coloque as forminhas de papel na assadeira.

Bata a manteiga e o açúcar em uma tigela até ficar claro e fofo. Você pode fazer isso à mão ou na batedeira. Adicione os ovos, um por vez.

Peneire a farinha e misture manualmente. Adicione o leite e o aromatizante (se estiver usando) para obter uma mistura cremosa em ponto de colher.

Coloque uma colher de sopa da mistura em cada forma de bolinho. Asse por cerca de 17 minutos, até crescer e dourar. Insira e retire um palito no centro do bolinho: se ele sair limpo, o cupcake está pronto.

Transfira os cupcakes para uma tela metálica e deixe esfriar completamente antes de decorar.

decorando os cupcakes

A maioria dos cupcakes pode ser feita no dia anterior e armazenada em um recipiente hermético. Em geral, os bolinhos ficam mais gostosos quando são decorados um pouco antes de servir. Há centenas de formas de decorar cupcakes, do simples polvilhamento de açúcar de confeiteiro às espessas espirais de cobertura cremosa. Você pode adicionar cerejas cristalizadas, nozes torradas e até sofisticados confeitos de açúcar, encontrados em lojas especializadas de culinária.

Antes de mais nada, decida se você fará cupcakes de topo achatado ou arredondado. Os cupcakes arredondados são ideais para coberturas espessas e cremosas, como *cream cheese* ou ganache de chocolate. Já os achatados, para glacês açucarados e *fondants,* que se solidificam formando uma superfície brilhante e lisa. Você pode usar uma colher para colocar estas coberturas sobre um cupcake arredondado, deixando que se espalhem. Para fazer cupcakes de topo achatado, coloque um pouco menos de mistura em cada forminha. Após assar e esfriar, remova cuidadosamente os topos arredondados com uma faca serrilhada.

glacê de *fondant*

Para cupcakes de topo arredondado, adicione aos poucos 185g/ 1½ xícaras de açúcar de confeiteiro peneirado a 1 clara de ovo. Adicione ¾ colher de chá de suco de limão. Para colorir, coloque 2 gotas de corante por vez, até alcançar a cor desejada. Coloque o glacê sobre o cupcake com uma colher, deixando escorrer em respingos.

Para cupcakes de topo achatado, misture 350g/ 3 xíc. de açúcar de confeiteiro peneirado com 2 claras de ovo. Adicione 2½ colheres de chá de suco de limão. Para colorir, acrescente 2 gotas de corante por vez, até conseguir a cor desejada. Coloque o glacê sobre o cupcake com uma colher, deixando que se espalhe pelas bordas da forminha e se solidifique formando uma superfície brilhante e lisa.

glacê açucarado

Coloque 1½ col. de sopa de suco de limão em uma tigela e adicione aos poucos 145g/ 1¼ xíc. de açúcar de confeiteiro peneirado para obter uma consistência homogênea e em ponto de colher. Se necessário, adicione mais uma gota de suco de limão ou açúcar. Para colorir, coloque algumas gotas de corante.

ganache de chocolate

Coloque 100g de chocolate meio amargo picado em uma tigela refratária. Esquente 145g/ ½ xícara de creme de leite fresco em uma panela até quase ferver e despeje sobre o chocolate. Deixe descansar por 5 minutos. Misture até ficar homogêneo. Deixe esfriar por 30 a 60 minutos até ficar espesso e brilhante, e espalhe sobre os cupcakes.

cobertura de *cream cheese*

Bata 150g de *cream cheese*, 50g/ 1/3 xícara de açúcar de confeiteiro e 2 colheres de chá de suco de limão até formar um creme homogêneo. Coloque sobre os cupcakes.

cupcakes simples

Uma bandeja destes belos cupcakes com aroma de maracujá é como um enxame de borboletas. Lembram-me dos chazinhos de minha infância, em que sempre havia uma porção de cupcakes borboleta!

cupcakes borboleta de maracujá

3 maracujás

115g/ 1 tablete/ 8 col. de sopa de manteiga, em temperatura ambiente

115g/ ½ xíc. de açúcar granulado

115g/ 1 xícara de farinha com fermento

2 ovos

1 col. de chá de fermento em pó

para decorar

6 maracujás

150g/ 2/3 xícara de *mascarpone*

4 colheres de sopa de açúcar de confeiteiro peneirado, mais uma extra para polvilhar

Uma assadeira para 12 bolinhos

Rende 12 unidades

Pré-aqueça o forno a 180°C (350°F – Gas 4) e preencha a assadeira com as forminhas de papel.

Corte os 3 maracujás ao meio. Peneire a polpa sobre uma tigela. Pressione com a parte de trás de uma colher para extrair o suco.

Bata a manteiga e o açúcar em uma tigela até ficar claro e fofo. Adicione os ovos, um por vez. Peneire a farinha e o fermento na mistura e mexa. Adicione o suco de maracujá.

Coloque a mistura nas formas de bolinho com o auxílio de uma colher. Asse por cerca de 17 minutos, até crescer e dourar. Faça o teste com o palito e, se estiver no ponto, retire do forno e transfira para uma tela metálica, para esfriar.

Para a cobertura, repita com os maracujás restantes o mesmo processo realizado anteriormente, para obter o suco. Adicione o *mascarpone* e o açúcar de confeiteiro à tigela. Mexa até ficar homogêneo e cremoso. Cubra e resfrie por 30 minutos, para ficar firme.

Remova o topo de cada cupcake e corte-o ao meio. Com uma colher, coloque um pouco do creme dentro do bolinho. Finalize com as metades do topo cortadas, posicionadas de modo a lembrar asas de borboletas. Polvilhe com açúcar de confeiteiro.

Com o sabor doce do coco e ácido da lima, estes cupcakes dourados de topos brancos como neve ficam espetaculares quando dispostos em um prato colorido. Sirva-os a qualquer hora do dia!

cupcakes de coco cremoso

90g/ 6 col. de sopa de manteiga, em temperatura ambiente

25g/ 2 col. de sopa de creme de coco

115g/ ½ xíc. de açúcar granulado

¾ xíc. de farinha com fermento

1 col. de chá de fermento em pó

2 ovos

3 col. de sopa de coco desidratado

Casca ralada de 1 lima

2 colheres de sopa de leite

para decorar

150g de *cream cheese*

50g/ 1/3 xícara de açúcar de confeiteiro, peneirado

2 colheres de chá de suco de lima

Uma assadeira para 12 bolinhos

Rende 12 unidades

Pré-aqueça o forno a 180°C (350°F – Gas 4) e preencha a assadeira com as forminhas de papel.

Bata a manteiga, o creme de coco e o açúcar em uma tigela até ficar claro e fofo. Adicione os ovos, um por vez. Peneire a farinha e o fermento na mistura e mexa. Adicione o coco desidratado e a casca da lima, e em seguida o leite.

Coloque a mistura nas formas de bolinho com o auxílio de uma colher. Asse por cerca de 17 minutos, até crescer e dourar. Faça o teste com o palito e, se estiver no ponto, retire do forno e transfira para uma tela metálica, para esfriar.

Para decorar, misture o *cream cheese*, o açúcar de confeiteiro e o suco de lima em uma tigela. Coloque a cobertura no topo dos cupcakes e espalhe as raspas de coco por cima.

Quentinho, com sabor de amêndoas e perfumado de laranja, este cupcake leve, fofo, sem glúten e sem laticínios é simples, mas nem um pouco sem-graça! Derrete na boca e é perfeito quando recém-saído do forno. Fica delicioso se for apenas polvilhado com açúcar de confeiteiro, mas você pode servi-lo com uma porção de *crème fraîche* ou outro creme por cima, se quiser.

cupcakes de laranja e amêndoas

2 ovos

90g/ 7 col. de sopa de açúcar granulado

Casca ralada de 1 laranja

80g/ ¾ xíc. de amêndoas moídas

3 col. de sopa de farinha de batata

40g/ 1/3 xícara de amêndoas em lascas

Açúcar de confeiteiro, para polvilhar

Uma assadeira para 12 bolinhos

Rende 12 unidades

Pré-aqueça o forno a 170°C (325°F – Gas 3) e preencha a assadeira de bolinho com as forminhas de papel.

Coloque os ovos e o açúcar em uma tigela e bata por 5 a 10 minutos, até ficar espesso e claro. Adicione a casca de laranja, peneire as amêndoas moídas e a farinha de batata e mexa.

Coloque a mistura nas formas de bolinho com o auxílio de uma colher e espalhe as amêndoas em lasca por cima. Asse por cerca de 22 minutos, até crescer e dourar. Faça o teste com o palito e, se estiver no ponto, retire do forno e transfira para uma tela metálica. Espere esfriar um pouco antes de polvilhar com açúcar de confeiteiro e servir.

A combinação de xarope de bordo com noz-pecã é um clássico, e não haveria como ficar melhor do que nestes cupcakes leves e molhadinhos, com uma cobertura cremosa e amanteigada complementada por uma noz-pecã caramelizada. Procure o xarope de bordo âmbar, mais escuro: ele tem um sabor mais intenso, que realmente se destaca no cupcake fofo e amanteigado.

cupcakes de bordo e noz-pecã

115g/ 1 tablete/ 8 col. de manteiga, em temperatura ambiente

50g/ ¼ xíc. de açúcar mascavo compactado

160ml/ 2/3 xícara de xarope de bordo puro

2 ovos

115g/ 1 xíc. de farinha com fermento

60g/ ½ xícara de nozes-pecã, picadas desigualmente

para decorar

60g/ ½ xíc. de açúcar granulado

12 metades de nozes-pecã

50g/ 3 colheres de sopa de manteiga, em temperatura ambiente

3 colheres de sopa de xarope de bordo puro

145g/ 1¼ xícara de açúcar de confeiteiro, peneirado

Uma assadeira para 12 bolinhos

Rende 12 unidades

Pré-aqueça o forno a 180°C (350°F – Gas 4) e preencha a assadeira com as forminhas de papel.

Bata a manteiga e o açúcar em uma tigela até ficar cremoso e adicione o xarope de bordo. Adicione os ovos, um por vez. Peneire a farinha na mistura e mexa. Adicione as nozes.

Coloque a mistura nas formas de bolinho com o auxílio de uma colher. Asse por cerca de 17 minutos, até crescer e dourar. Faça o teste com o palito e, se estiver no ponto, retire do forno e transfira para uma tela metálica, para esfriar.

Para caramelizar as nozes-pecã, coloque o açúcar granulado em uma panela e adicione 2 colheres de sopa de água. Aqueça moderadamente, mexendo até o açúcar derreter e se dissolver. Aumente o fogo e ferva em torno de 6 minutos, até dourar levemente. Espalhe as nozes sobre uma folha de papel vegetal e use uma colher para cobrir cada noz com um pouco de caramelo. Deixe esfriar.

Misture a manteiga, o xarope de bordo e o açúcar de confeiteiro em uma tigela, até ficar claro e fofo. Espalhe a mistura sobre os cupcakes e coloque uma noz-pecã caramelizada sobre cada um.

Estes cupcakes macios e molhadinhos de cor marrom-escuro são densos e têm sabor forte, com deliciosos respingos de glacê de limão. Se desejar cupcakes de topo achatado, faça-os em forminhas grandes. Se preferir cupcakes de topo arredondado com glacê escorrendo pelas laterais, faça-os em formas convencionais.

cupcakes de biscoito de gengibre com glacê de limão

60g/ 4 col. de sopa de manteiga

50g/ ¼ xícara de açúcar mascavo compactado

2 col. de sopa de xarope de milho *light*

2 col. de sopa de melado escuro

1 colher de chá de gengibre moído

80ml/ 1/3 xícara de leite

1 ovo, batido

2 pedaços de gengibre em conserva, coados e picados

1 xícara de farinha com fermento

para decorar

2 col. de sopa de suco de limão

200g/ 1 2/3 xícaras de açúcar de confeiteiro, peneirado

2 a 3 pedaços de gengibre em conserva, coados e picados

Uma assadeira para 12 bolinhos

Rende 12 unidades

Pré-aqueça o forno a 170°C (325°F – Gas 3) e preencha a assadeira de bolinho com as forminhas de papel.

Coloque a manteiga, o açúcar, o xarope de milho, o melado e o gengibre moído em uma panela e aqueça moderadamente até derreter. Tire a panela do fogo e adicione o leite, depois o ovo e o gengibre em conserva.

Peneire a farinha na mistura e mexa. Coloque a mistura nas formas de bolinho com o auxílio de uma colher. Asse por cerca de 20 minutos, até crescer e dourar. Faça o teste com o palito e, se estiver no ponto, retire do forno e transfira para uma tela metálica, para esfriar.

Para decorar, despeje o suco de limão em uma tigela. Adicione gradualmente o açúcar de confeiteiro, mexendo até ficar homogêneo, espesso e em ponto de colher. Coloque o glacê sobre os cupcakes com o auxílio de uma colher. Ponha alguns pedaços de gengibre em conserva sobre cada um. Deixe solidificar antes de servir.

Levemente picante sob uma cremosa cobertura de *mascarpone* cítrico, este delicioso e pequeno cupcake é perfeito para um agrado. Não é doce demais, e oferece a combinação certa de elementos crocantes, mastigáveis, picantes, doces e cremosos, com aquela pequena dose de travessura que todo cupcake deve ter!

cupcakes de cenoura e cardamomo

100g/ ½ xíc. de açúcar mascavo compactado

160ml/ 2/3 xíc. de óleo de girassol

2 ovos

Casca ralada de 1 laranja

Sementes de 5 vagens de cardamomo, esmagadas

½ colher de chá de gengibre moído

200g/ 1½ xíc. de farinha com fermento

2 cenouras, raladas (cerca de 150g/ 1 xícara de cenoura ralada)

60g/ ½ xíc. de nozes comuns ou nozes-pecã, picadas desigualmente

para decorar

150g de *mascarpone*

Casca bem ralada de 1 laranja

1½ colher de chá de suco de limão

50g/ 1/3 xícara de açúcar de confeiteiro, peneirado

Uma assadeira para 12 bolinhos

Rende 12 unidades

Pré-aqueça o forno a 180°C (350°F – Gas 4) e preencha a assadeira com as forminhas de papel.

Coloque o açúcar em uma tigela e solte-o com a parte de trás de um garfo. Adicione o óleo e os ovos. Adicione a casca de laranja, as sementes de cardamomo esmagadas e o gengibre. Peneire a farinha na mistura e mexa. Acrescente as cenouras e as nozes.

Coloque a mistura nas formas de bolinho com o auxílio de uma colher. Asse por cerca de 20 minutos, até crescer. Faça o teste com o palito e, se estiver no ponto, retire do forno e transfira para uma tela metálica, para esfriar.

Para decorar, misture o *mascarpone*, a casca de laranja, o suco de limão, e o açúcar de confeiteiro em uma tigela. Espalhe sobre os cupcakes.

A farinha de milho utilizada nestes cupcakes cria uma textura distinta, uma sensação de quase crocância e uma cor vivíssima. Cobertos por mirtilos suculentos e uma rica e deliciosa cobertura de *cream cheese*, são a combinação perfeita do prazer das frutas frescas e leves com uma rica cremosidade.

cupcakes de mirtilo e limão

50g/ 1/3 xíc. de farinha de milho fina

40g/ 1/3 xíc. de farinha comum

1 col. de chá de fermento em pó

1 col. de sopa de *crème fraîche* ou de creme azedo

1½ col. de sopa de óleo de girassol

Casca ralada de 1 limão

1 col. de sopa de suco de limão

1 ovo

50g/ ¼ xícara de açúcar granulado

60g/ ½ xícara de mirtilos frescos

para decorar

150g de *cream cheese*

100g/ 2/3 xícara de açúcar de confeiteiro, peneirado

½ col. de chá de casca de limão ralada

1 col. de sopa de suco de limão

60g/ ½ xícara de mirtilos frescos

Tiras de casca de limão

Uma assadeira para 10 bolinhos

Rende 10 unidades

Pré-aqueça o forno a 180°C (350°F – Gas 4) e preencha a assadeira com as forminhas de papel.

Bata a farinha de milho, a farinha e o fermento em pó em uma tigela, e reserve. Bata o *crème fraîche*, o óleo, a casca e o suco do limão em uma jarra pequena, e reserve.

Em uma tigela separada, bata o ovo e o açúcar por cerca de 4 minutos, até ficar espesso e claro. Adicione a mistura de limão e mexa. Peneire a mistura de farinha de milho por cima e mexa para combinar.

Coloque a mistura nas formas de bolinho com o auxílio de uma colher. Coloque cerca de 4 mirtilos sobre cada cupcake, pressionando delicadamente sobre a mistura. Asse por 15 a 16 minutos, até crescer e dourar. Faça o teste com o palito e, se estiver no ponto, retire do forno e transfira para uma tela metálica, para esfriar.

Para decorar, bata o *cream cheese* em uma tigela até ficar cremoso. Adicione o açúcar de confeiteiro, a casca de limão e o suco de limão. Coloque grandes porções de cobertura no topo dos cupcakes e decore com os mirtilos frescos e as tiras de casca de limão.

Estes cupcakes de chocolate, salpicados de grãos de café recobertos por chocolate e cobertos por um delicioso creme de café e manteiga, são simplesmente divinos. Quando polvilhados com chocolate ralado, parecem uma bandeja de minicappuccinos. Mas não coma demais: eles poderão deixá-lo acordado a noite inteira!

cupcakes de chocolate e café

100g de chocolate meio amargo

150g/ 10 colheres de sopa de manteiga, em temperatura ambiente

150g/ ¾ xícara de açúcar granulado

2 ovos

2 col. de sopa de cacau em pó

100g/ ¾ xíc. de farinha com fermento

2 col. de chá de café solúvel, dissolvidas em 1 de sopa água fervente

40g/ ¼ xícara de grãos de café cobertos por chocolate

para decorar

100g/ 7 col. de sopa de manteiga, em temperatura ambiente

200g/ 1 2/3 xícaras de açúcar de confeiteiro, peneirado

2 col. de chá de café solúvel, dissolvidas em 1 de sopa água fervente

Chocolate meio amargo ralado

Uma assadeira para 12 bolinhos

Rende 12 unidades

Pré-aqueça o forno a 180°C (350°F – Gas 4) e preencha a assadeira com as forminhas de papel.

Derreta o chocolate em uma tigela refratária posicionada sobre uma panela com água em fervura lenta ou em um micro-ondas. Deixe de lado para esfriar.

Bata a manteiga e o açúcar em uma tigela, até ficar claro e fofo. Adicione os ovos, um por vez. Adicione o chocolate derretido e o cacau em pó. Peneire a farinha na mistura e mexa. Adicione o café dissolvido e em seguida os grãos de café.

Coloque a mistura nas formas de bolinho com o auxílio de uma colher. Asse por cerca de 20 minutos, até crescer. Faça o teste com o palito e, se estiver no ponto, retire do forno e transfira para uma tela metálica, para esfriar.

Para decorar, bata a manteiga, o açúcar de confeiteiro e o café dissolvido em uma tigela, até ficar claro e fofo. Espalhe a mistura sobre os cupcakes e polvilhe com o chocolate ralado.

Com um aroma sutil de alfazema, estes dourados cupcakes amanteigados são deliciosamente simples e tem uma elegância discreta. São perfeitos para servir no meio da tarde com uma xícara de chá. O sabor perfumado das flores de alfazema dá aos cupcakes uma sensação indefinível, que você não conseguirá decifrar.

cupcakes de alfazema

115g/ ½ xíc. de açúcar granulado

¼ colher de chá de flores de alfazema desidratadas

115g/ 1 tablete/ 8 col. de sopa de manteiga, em temperatura ambiente

2 ovos

115g/ 1 xíc. de farinha com fermento

2 colheres de sopa de leite

para decorar

185g/ 1½ xíc. de açúcar de confeiteiro, peneirado

1 clara de ovo

Corante lilás

12 ramos de alfazema fresca

Uma assadeira para 12 bolinhos

Rende 12 unidades

Pré-aqueça o forno a 180°C (350°F – Gas 4) e preencha a assadeira com as forminhas de papel.

Coloque o açúcar e as flores de alfazema em um processador de alimentos e processe brevemente, até misturar. Despeje o açúcar com alfazema em uma tigela com a manteiga e bata até ficar claro e fofo. Adicione os ovos na mistura, um por vez. Peneire a farinha e misture. Adicione o leite.

Coloque a mistura nas formas de bolinho com o auxílio de uma colher. Asse por cerca de 18 minutos, até crescer e dourar. Faça o teste com o palito e, se estiver no ponto, retire do forno e transfira para uma tela metálica, para esfriar.

Para decorar, adicione gradualmente o açúcar de confeiteiro à clara de ovo em uma tigela. Adicione algumas gotas de corante e mexa até obter um glacê com cor de alfazema. Espalhe o glacê sobre os cupcakes com o auxílio de uma colher, e coloque um ramo de alfazema fresca sobre cada um. Deixe solidificar antes de servir.

Estes cupcakes são levemente aromatizados com água de rosas, perfeitos para garotas que gostam de coisas delicadas e belas. Prefiro colocar em meus cupcakes pétalas de rosa cristalizadas que tenham cores claras, mas um rosa mais escuro ou o branco também serão ótimas opções.

cupcakes de água de rosas

115g/ 1 tablete/ 8 col. de sopa de manteiga, em temperatura ambiente

115g/ ½ xícara de açúcar granulado

2 ovos

115g/ 1 xíc. de farinha com fermento

1 colher de sopa de água de rosas

para decorar

12 pétalas de rosa cor-de-rosa

1 clara de ovo, batida

1 colher de sopa de açúcar refinado

1½ a 2 col. de sopa de suco de limão

145g/ 1¼ xíc. de açúcar de confeiteiro

Corante rosa

Uma assadeira para 12 bolinhos

Rende 12 unidades

Pré-aqueça o forno a 180°C (350°F – Gas 4) e preencha a assadeira com as forminhas de papel.

Bata a manteiga e o açúcar em uma tigela até ficar claro e fofo e adicione os ovos, um por vez. Peneire a farinha na mistura e mexa. Adicione a água de rosas.

Coloque a mistura nas formas de bolinho com o auxílio de uma colher. Asse por cerca de 17 minutos, até crescer e dourar. Faça o teste com o palito e, se estiver no ponto, retire do forno e transfira para uma tela metálica, para esfriar.

Para decorar, pincele cada pétala de rosa com clara de ovo, salpique açúcar refinado e deixe secar por cerca de 1 hora.

Coloque 1½ colher de sopa de suco de limão em uma tigela, adicione o açúcar de confeiteiro e mexa até ficar homogêneo. Adicione um pouco mais de suco de limão, se necessário, para obter um glacê em ponto de colher. Adicione uma ou duas gotas de corante, para obter uma cobertura rosa-clara. Derrame sobre os cupcakes. Coloque uma pétala de rosa cristalizada sobre cada um. Deixe solidificar antes de servir.

Com um verde-claro sutil e um delicado sabor de pistache, estes pequenos cupcakes são completamente irresistíveis e inacreditavelmente femininos, justamente como deveriam ser! Para obter o tom certo do glacê, use um corante verde-claro e adicione-o aos poucos.

cupcakes de pistache

45g/ 1/3 xíc. de nozes de pistache

115g/ 1 tablete/ 8 col. de sopa de manteiga, em temperatura ambiente

115g/ ½ xíc. de açúcar granulado

2 ovos

100g/ ¾ xíc. de farinha com fermento

2 colheres de sopa de leite

para decorar

1 clara de ovo

185g/ 1½ xíc. de açúcar de confeiteiro

¾ col. de chá de suco de limão

Corante verde

12 rosas de papel de arroz cor-de-rosa

Uma assadeira para 12 bolinhos

Rende 12 unidades

Pré-aqueça o forno a 180°C (350°F – Gas 4) e preencha a assadeira com as forminhas de papel.

Coloque as nozes de pistache em um processador de alimentos e processe até ficarem bem moídas. Reserve.

Bata a manteiga e o açúcar em uma tigela, até ficar claro e fofo. Adicione os ovos, um por vez. Adicione as nozes moídas, peneire a farinha na mistura e mexa. Adicione o leite. Coloque a mistura nas formas de bolinho com o auxílio de uma colher. Asse por cerca de 18 minutos, até crescer e dourar. Faça o teste com o palito e, se estiver no ponto, retire do forno e transfira para uma tela metálica, para esfriar.

Para decorar, coloque a clara de ovo em uma tigela e peneire gradualmente o açúcar de confeiteiro por cima, sempre mexendo, até ficar espesso e brilhante. Adicione o suco de limão. O glacê deverá ficar espesso, porém em ponto de colher. Adicione algumas gotas de corante para obter um glacê verde-claro. Espalhe, com uma colher, o glacê sobre os cupcakes e coloque uma rosa de papel de arroz cor-de-rosa sobre cada um. Deixe endurecer antes de servir.

cupcakes comemorativos

Uma fornada destes românticos cupcakes recheados com um maravilhoso creme de limão e framboesas frescas fará seu amado não ter olhos para mais ninguém além de você! Para um toque extra especial, compre uma assadeira de bolinho com formas em coração. Use as forminhas de papel convencionais.

cupcakes coração de framboesa

115g/ 1 tablete/ 8 col. de sopa de manteiga, em temperatura ambiente

115g/ ½ xíc. de açúcar granulado

2 ovos

115g/ 1 xíc. de farinha com fermento

Casca ralada e suco de ½ limão

para decorar

80ml/ 1⁄3 xícara de *crème fraîche* ou de creme azedo

1 col. de sopa de creme de limão em pote

60g/ 2⁄3 xíc. de framboesas frescas

Açúcar de confeiteiro, para polvilhar

Uma assadeira para 12 bolinhos, com formato de coração

Rende 12 unidades

Pré-aqueça o forno a 180°C (350°F – Gas 4) e preencha a assadeira de bolinho com as forminhas de papel.

Bata a manteiga e o açúcar em uma tigela até ficar claro e fofo. Adicione os ovos, um por vez. Peneire a farinha na mistura e mexa. Adicione a casca e o suco de limão. Coloque a mistura nas formas de bolinho com o auxílio de uma colher. Asse por cerca de 18 minutos, até crescer e dourar. Faça o teste com o palito e, se estiver no ponto, retire do forno e transfira para uma tela metálica, para esfriar.

Com uma faca afiada e com ponta, remova uma porção redonda e funda do centro de cada cupcake, em forma similar a um cone, com diâmetro de aproximadamente 3 cm. Corte o bico do cone, de modo a obter um disco alto. Use um cortador em formato de coração para conformar os discos em coração.

Misture o *crème fraîche* e o creme de limão em uma tigela, e adicione as framboesas. Com uma colher, coloque a mistura nas partes ocas dos cupcakes e coloque os corações por cima. Polvilhe com açúcar de confeiteiro.

Estes belos cupcakes azul-claros e prateados irão fazê-lo entrar no clima festivo. Os aromáticos e deliciosos cupcakes são muito mais leves do que os tradicionais bolos ingleses natalinos. Lembre-se de fazer as estrelas de *fondant* no dia anterior, para quem tenham tempo de endurecer. Se não encontrar o glacê azul, simplesmente adicione algumas gotas de corante ao glacê branco e misture.

cupcakes natalinos

60g/ 4 col. de sopa de manteiga, em temperatura ambiente

60g/ 1/3 xícara de açúcar mascavo compactado

1 ovo

Casca ralada de 1 laranja

60g/ ½ xíc. de farinha com fermento

1 colher de sopa de conhaque

4 figos secos, picados

25g/ 3 col. de sopa de frutas secas douradas

70g/ 1½ xícara de cerejas cristalizadas, em metades

para decorar

100g de glacê de *fondant* azul, pronto para usar

350g/ 3 xícaras de açúcar de confeiteiro, peneirado

3 clara de ovos

2½ colheres de chá de suco de limão

Confeitos comestíveis prateados

Sparkles comestíveis

Fita azul-claro ou prateada (opcional)

Um cortador em formato de estrela

Uma assadeira para 12 bolinhos

Rende 12 unidades

Faça as decorações de estrela no dia anterior. Abra o glacê de *fondant* e use o cortador de biscoitos para fazer 12 estrelas. Deixe secando de um dia para o outro.

Para os cupcakes, pré-aqueça o forno a 180°C (350°F – Gas 4), e preencha a assadeira com as forminhas de papel.

Bata a manteiga e o açúcar em uma tigela até ficar cremoso. Adicione o ovo aos poucos. Adicione a casca de laranja. Peneire a farinha e mexa. Adicione o conhaque e em seguida as frutas secas e as cerejas cristalizadas.

Coloque a mistura nas formas de bolinho com o auxílio de uma colher. Asse por cerca de 14 minutos, até crescer e dourar. Faça o teste com o palito e, se estiver no ponto, retire do forno e transfira para uma tela metálica, para esfriar.

Para decorar, faça um laço com uma fita em torno de cada cupcake. Adicione gradualmente o açúcar de confeiteiro a duas claras de ovo em uma tigela, até ficar homogêneo e cremoso, e adicione o suco de limão. Com uma colher, coloque a mistura sobre os cupcakes e espalhe os confeitos prateados por cima. Deixe que o glacê fique levemente firme.

Coloque as decorações em forma de estrela no topo dos cupcakes, pincele com o restante de clara de ovo batida e espalhe os *sparkles*.

Quem vai preferir o ultrapassado bolo de casamento em camadas quando pode criar uma pirâmide de lindos cupcakes brancos como estes? Para decoração, gosto do visual totalmente branco, mas você pode adicionar corantes de tom pastel, flores ou fitas de acordo com seu esquema de cores. Use diferentes assadeiras de bolinho para ter variedade de tamanhos.

cupcakes de casamento

115g/ 1 tablete/ 8 col. de sopa de manteiga, em temperatura ambiente

115g/ ½ xíc. de açúcar granulado

2 ovos

115g/ 1 xíc. de farinha com fermento

1 col. de chá de extrato de baunilha puro ou casca de limão ralada

2 colheres de sopa de leite

para decorar

1 clara de ovo

125g/ 1 xíc. de açúcar de confeiteiro, peneirado

½ colher de chá de suco de limão

Confeitos comestíveis brancos em forma de flores

Laço ou fita de organza branca

Uma assadeira para 12 bolinhos

Rende 12 unidades

Pré-aqueça o forno a 180°C (350°F – Gas 4) e preencha a assadeira de bolinho com as forminhas de papel.

Bata a manteiga e o açúcar em uma tigela até ficar claro e fofo, e adicione os ovos, um por vez. Peneire a farinha na mistura e mexa. Adicione o extrato de baunilha ou a casca de limão e o leite.

Coloque a mistura nas formas de bolinho com o auxílio de uma colher. Asse por cerca de 18 minutos, até crescer e dourar. Faça o teste com o palito e, se estiver no ponto, retire do forno e transfira para uma tela metálica, para esfriar.

Para decorar, amarre cuidadosamente um pedaço de fita em torno de cada cupcake. Coloque a clara de ovo em uma tigela grande e misture com o açúcar de confeiteiro, até ficar espessa e cremosa. Adicione o suco de limão para obter um glacê espesso, em ponto de colher. Se necessário, pingue um pouco mais de suco de limão ou de açúcar para chegar à consistência.

Com uma colher, coloque o glacê sobre os cupcakes, e uma flor em cada um. O glace endurece rápido, então utilize-o assim que estiver pronto!

Cupcakes de abóbora doces e picantes, cobertos com belas teias de aranha de chocolate branco e meio amargo são, de fato, mais uma gostosura do que uma travessura! Você pode deixar a cobertura se solidificar completamente se quiser, mas fica mais gostoso quando a cobertura de chocolate ainda está macia.

cupcakes de halloween

115g/ ½ xícara de açúcar mascavo compactado

120 ml/ ½ xíc. de óleo de girassol

2 ovos

115g/ 1 xíc. de abóbora-cheirosa ou de abóbora ralada

Casca ralada de 1 limão

115g/ 1 xícara de farinha com fermento

1 col. de chá de fermento em pó

1 col. de chá de canela em pó

para decorar

150g de chocolate branco, picado

25g de chocolate meio amargo

Uma assadeira para 12 bolinhos

Rende 12 unidades

Pré-aqueça o forno a 180°C (350°F – Gas 4) e preencha a assadeira de bolinho com as forminhas de papel.

Coloque o açúcar em uma tigela e solte-o com a parte de trás de um garfo. Adicione o óleo e os ovos. Adicione a abóbora-cheirosa ou a abóbora ralada e a casca de limão. Misture a farinha, o fermento em pó e a canela em uma tigela, e adicione à mistura de bolo.

Coloque a mistura nas formas de bolinho com o auxílio de uma colher. Asse por cerca de 18 minutos, até crescer. Faça o teste com o palito e, se estiver no ponto, retire do forno e transfira para uma tela metálica, para esfriar.

Para decorar, coloque o chocolate branco e o meio amargo em duas tigelas refratárias separadas. Derreta em uma panela com água em fervura lenta ou em um micro-ondas. Deixe esfriar e coloque o chocolate branco sobre os cupcakes, com uma colher.

Corte um quadrado grande de papel e dobre em oito para fazer um cone. Prenda com uma fita. Use uma colher para colocar o chocolate meio amargo dentro do cone e corte a ponta, para que você consiga desenhar um fino risco de chocolate. Faça um ponto no centro de cada cupcake e risque três círculos concêntricos em torno do ponto.

Com um palito, desenhe uma linha do ponto central à borda externa do cupcake. Repita oito vezes, para criar o desenho de teia. Sirva enquanto o chocolate ainda estiver macio e cremoso.

Depois de experimentar este cupcake de brownie pastoso de chocolate e nozes, você nunca mais vai querer bolos de aniversário tradicionais! Disponha-os em uma boleira ou prato e insira cuidadosamente uma vela em cada um. Apague as luzes, acenda as velas, e *vóilà*!

cupcakes de brownie de chocolate para aniversário

75g de chocolate meio amargo, picado

75g/ 5 col. de sopa de manteiga

1 ovo

75g/ 1⁄3 xíc. de açúcar granulado

25g/ 3 colheres de sopa de farinha com fermento

50g/ 1⁄3 xíc. de macadâmia, nozes-pecã ou nozes, picadas desigualmente

18 minivelas

Duas assadeiras para 9 minibolinhos

Rende 18 unidades

Pré-aqueça o forno a 180°C (350°F – Gas 4) e preencha a assadeira com 18 forminhas de minibolinho ou de *petit four*.

Coloque o chocolate e a manteiga em uma tigela refratária posicionada sobre uma panela com água em fervura lenta e aqueça, mexendo até derreter. Tire do fogo e deixe de lado para esfriar um pouco.

Quando a mistura estiver fria, adicione o ovo e depois o açúcar. Peneire a farinha na mistura e mexa. Adicione as nozes. Coloque a mistura nas formas de bolinho com o auxílio de uma colher. Asse por cerca de 17 minutos, até o topo ficar claro, crocante e firme ao toque. Retire do forno e transfira para uma tela metálica, para esfriar.

Na hora de servir, coloque uma vela acesa no centro de cada minicupcake.

Estes belos cupcakes florais são perfeitos para comemorar o início da primavera, os dias mais quentes, e a chegada das flores da estação! São presentes ideais para outras datas, como Dia das Mães ou Páscoa. Ainda que seja fácil encontrar confeitos florais de açúcar em supermercados, vale a pena procurar uma seleção de flores mais incomuns e interessantes em lojas especializadas.

cupcakes de flores da primavera

115g/ 1 tablete/ 8 col. de sopa de manteiga, em temperatura ambiente

115g/ ½ xíc. de açúcar granulado

2 ovos

115g/ 1 xícara de farinha com fermento

1 colher de chá de extrato de baunilha puro

2 colheres de sopa de leite

para decorar

2 claras de ovo

350g/ 2 xícaras de açúcar de confeiteiro, peneirado

2½ col. de chá de suco de limão

Corante verde e amarelo

12 confeitos de flores da primavera, como narcisos ou margaridas

Uma assadeira para 12 bolinhos

rende 12 unidades

Pré-aqueça o forno a 180°C (350°F – Gas 4) e preencha a assadeira de bolinho com as forminhas de papel.

Bata a manteiga e o açúcar em uma tigela até ficar claro e fofo, e adicione os ovos, um por vez. Peneire a farinha na mistura e mexa. Adicione o extrato de baunilha e o leite.

Coloque a mistura nas formas de bolinho com o auxílio de uma colher. Asse por cerca de 15 minutos, até crescer e dourar. Faça o teste com o palito e, se estiver no ponto, retire do forno e transfira para uma tela metálica, para esfriar.

Se algum dos cupcakes ficar arredondado acima do nível da forminha de papel, remova cuidadosamente o topo com uma faca serrilhada, criando uma superfície plana.

Para decorar, coloque as claras de ovo em uma tigela e adicione aos poucos o açúcar de confeiteiro e depois o suco de limão, até obter um glacê espesso e brilhante em ponto de colher.

Divida o glacê em duas tigelas. Tinja uma com corante verde e a outra com amarelo, buscando tons pastel vivos. Coloque o glacê sobre os cupcakes com uma colher. O glacê deverá se espalhar naturalmente para as bordas das forminhas de papel. Se surgirem bolhas de ar, fure cuidadosamente com um palito de dentes. Coloque uma flor de açúcar sobre cada cupcake. O glacê endurecerá em 1 hora.

Estes babycakes em tons pastel são absolutamente irresistíveis por serem tão fofos. Asse uma fornada como presente para uma nova mamãe, e celebre a chegada do recém-nascido! O glacê de chocolate branco se solidifica, por isso esta receita é ideal para embrulhar em uma bonita caixa de presente. É o agrado que toda mamãe precisa para superar as primeiras noites insones.

babycakes de baunilha e chocolate branco

60g/ 4 col. de sopa de manteiga, em temperatura ambiente

60g/ 5 colheres de sopa de açúcar granulado

1 ovo, batido

60g/ ½ xíc. de farinha com fermento

¼ colher de chá de extrato de baunilha puro

1 colher de sopa de leite

para decorar

60g de chocolate branco, picado

Corante verde

Corante rosa

12 balas de goma confeitadas

Uma assadeiras para 12 minibolinhos ou um tabuleiro

Rende 12 unidades

Pré-aqueça o forno a 180°C (350°F – Gas 4) e preencha a assadeira com forminhas de *petit four*. Se você não tiver a assadeira de minibolinho, disponha as forminhas em um tabuleiro. Elas deverão ser capazes de sustentar uma pequena quantidade da mistura.

Bata a manteiga e o açúcar em uma tigela, até ficar claro e fofo. Adicione o ovo aos poucos. Peneire a farinha na mistura e mexa. Adicione o extrato de baunilha e o leite.

Coloque a mistura nas formas de bolinho com o auxílio de uma colher. Asse por cerca de 15 minutos, até crescer e dourar. O topo deve retornar à posição inicial, quando delicadamente pressionado. Retire do forno e transfira para uma tela metálica, para esfriar.

Para decorar, divida o chocolate em três tigelas refratárias e derreta em uma panela com água em fervura lenta ou em um micro-ondas. Deixe esfriar um pouco e adicione duas gotas de corante verde em uma das tigelas e duas gotas do rosa na outra. A terceira tigela deve continuar com o chocolate puro.

Com uma colher, coloque o chocolate branco sobre 4 cupcakes, o rosa sobre outros 4, e o verde sobre os 4 restantes. Coloque uma bala de goma confeitada sobre cada bolinho. Sirva enquanto o chocolate estiver macio, ou deixe solidificar e embrulhe.

Não importa se é Dia da Independência ou Réveillon, estes cintilantes cupcakes são a opção perfeita para as noites de comemoração com explosões vivamente coloridas no céu noturno! Leve um prato destes densos, úmidos e cítricos cupcakes de chocolate cobertos com velas estrela de prata para ver os fogos de artifício.

cupcakes de fogos de artifício

115g/ 1 xíc. de farinha comum

3 col. de sopa de cacau em pó

½ col. de chá de bicarbonato de sódio

50g/ ¼ xícara de açúcar granulado

120ml/ ½ xícara de suco de laranja

Casca ralada de 1 laranja

3 col. de sopa de óleo de girassol

1½ colheres de chá de vinagre branco destilado

para decorar

100g de chocolate meio amargo, picado

100ml/ ½ xíc. de creme de leite fresco

Confeitos prateados em formato de bolinhas ou estrelinhas

12 velas do tipo estrela de prata

Uma assadeira para 12 bolinhos

Rende 12 unidades

Pré-aqueça o forno a 180°C (350°F – Gas 4) e preencha a assadeira de bolinho com as forminhas de papel.

Misture a farinha, o cacau, o bicarbonato de sódio e o açúcar em uma tigela. Coloque em uma tigela maior e faça um buraco no meio. Misture o suco e a casca da laranja, o óleo e o vinagre em uma jarra e despeje nos ingredientes secos. Mexa rapidamente até que se misturem.

Coloque a mistura nas formas de bolinho com o auxílio de uma colher. A mistura estará bem líquida, por isso talvez você prefira utilizar uma pequena concha. Asse por cerca de 15 minutos, até crescer e o topo ficar firme. Faça o teste com o palito e, se estiver no ponto, retire do forno e transfira para uma tela metálica, para esfriar.

Para decorar, coloque o chocolate em uma tigela refratária. Aqueça o creme de leite em uma panela até quase ferver, depois despeje sobre o chocolate. Deixe descansar por cerca de 5 minutos e mexa até ficar homogêneo e cremoso. Deixe esfriar por mais 5 a 10 minutos até ficar espesso e brilhante, e espalhe sobre os cupcakes.

Coloque as bolinhas ou estrelinhas prateadas e insira uma vela estrela de prata no centro de cada cupcake. Acenda a vela antes de servir.

cupcakes requintados

Cobertos por uma elegante e cremosa cobertura de *mascarpone* com pedaços dourados de pralinê, estes pequenos cupcakes são o puro gosto do paraíso. O café intensifica o sabor do pralinê com nozes.

cupcakes de café e pralinê

115g/ ½ xíc. de açúcar

60g/ ½ xíc. de avelãs sem pele

115g/ 1 tablete/ 8 col. de sopa de manteiga, em temperatura ambiente

2 ovos

80g/ 2/3 xíc. de farinha com fermento

1 colher de chá de fermento em pó

2 col. de chá de café solúvel, dissolvido em 1 de sopa de água fervente

para decorar

60g/ 2 colheres de sopa de açúcar granulado

40g/ ¼ xícara de avelãs sem pele, picadas desigualmente

100g/ ½ xícara de *mascarpone*

115g/ 2/3 xícara de açúcar de confeiteiro, peneirado

2 col. de chá de café solúvel, dissolvido em 1 de sopa de água fervente

Uma assadeira para 12 bolinhos

Um tabuleiro

Rende 12 unidades

Pré-aqueça o forno a 180°C (350°F – Gas 4). Preencha a assadeira de bolinho com forminhas de papel e forre o tabuleiro com papel vegetal.

Coloque metade do açúcar em uma panela antiaderente e aqueça moderadamente, mexendo em torno de 5 minutos até derreter e dourar levemente. Adicione as avelãs e cozinhe, mexendo por aproximadamente 1 minuto. Despeje sobre o tabuleiro forrado e deixe endurecer por ao menos 20 minutos.

Quebre o pralinê endurecido em pedaços, coloque no processador de alimentos e processe até ficar bem moído. Reserve.

Bate a manteiga e o restante do açúcar em uma tigela, até ficar claro e fofo. Adicione o pralinê moído. Acrescente os ovos, um por vez, peneire a farinha e o fermento na mistura e mexa. Adicione o café dissolvido. Coloque a mistura nas formas de bolinho com o auxílio de uma colher. Asse por cerca de 16 minutos, até crescer e dourar. Faça o teste com o palito e, se estiver no ponto, retire do forno e transfira para uma tela metálica, para esfriar.

Para decorar, faça novamente o pralinê, mas deixe as avelãs no açucar derretido por apenas 30 segundos. Quebre em pedacinhos.

Misture o *mascarpone* e o açúcar de confeiteiro em uma tigela até ficar homogêneo, e adicione o café dissolvido. Coloque sobre os cupcakes e decore com os pedacinhos de pralinê.

Espalhe a cobertura sobre os cupcakes e disponha uma porção de nozes no centro de cada um deles.

Inspirado na clássica torta de banoffee inglesa, estes cremosos cupcakes são simplesmente gostosos para caramba! Os tenros e úmidos cupcakes de banana são guarnecidos com pedaços de caramelos mastigáveis, e levam cobertura de chantilly, doce de leite e banana fresca. Se não conseguir encontrar o doce de leite espanhol, você pode fazer o seu, seguindo as instruções abaixo.

cupcakes de banoffee

60g/ 4 col. de sopa de manteiga, em temperatura ambiente

70g/ 1/3 xícara de açúcar mascavo compactado

1 ovo

1 banana madura, amassada

115g/1 xíc. de farinha com fermento

4 caramelos mastigáveis, picados

para decorar

180ml/ 2/3 xícara de chantilly

3 a 4 col. de sopa de doce de leite

1 banana, fatiada

Uma assadeira para 10 bolinhos

rende 10 unidades

Pré-aqueça o forno a 180°C (350°F – Gas 4) e preencha a assadeira de bolinho com dez forminhas de papel.

Bata a manteiga e o açúcar em uma tigela até ficar cremoso e adicione o ovo aos poucos. Adicione a banana amassada, peneire a farinha na mistura e mexa. Em seguida, adicione os caramelos.

Coloque a mistura nas formas de bolinho com o auxílio de uma colher. Asse por cerca de 16 minutos, até crescer. Faça o teste com o palito e, se estiver no ponto, retire do forno e transfira para uma tela metálica, para esfriar.

Para decorar, coloque sobre cada cupcake o chantilly, uma colher de sopa cheia de doce de leite e fatias de banana.

Observação: Caso deseje fazer um doce de leite caseiro, coloque uma lata fechada de leite condensado em uma panela, cubra com água fervente e deixe ferver por três horas, adicionado mais água sempre que necessário. Tire da panela e deixe esfriar completamente antes de abrir. Mexa bem para obter uma calda homogênea.

Este é um cupcake com uma grossa camada de cheesecake de baunilha e chocolate branco, decorado por morangos frescos. É a alegria suprema! Fica mais gostoso quando gelado, já que a cobertura cremosa se solidifica. Mas tudo bem se você não conseguir esperar: também são gostosos ainda macios. Coloque no topo de cada cupcake um morango grande e carnudo, ou disponha algumas metades.

cupcakes de cheesecake de morango

115g/ 4 col. de sopa de manteiga, em temperatura ambiente

115g/ 5 col. de sopa de açúcar

2 ovos

115g/ ½ xícara de farinha com fermento

½ colher de chá de extrato de baunilha puro

2 colheres de sopa de leite

para decorar

175g de chocolate branco, picado

175g de *cream cheese*

6 colheres de sopa de *crème fraîche* ou de creme azedo

1½ colheres de chá de extrato de baunilha puro

6 colheres de sopa de açúcar de confeiteiro, peneirado

Morangos frescos

Uma assadeira para 12 bolinhos

Rende 12 unidades

Pré-aqueça o forno a 180°C (350°F – Gas 4) e preencha a assadeira de bolinho com as forminhas de papel.

Bata a manteiga e o açúcar em uma tigela até ficar claro e fofo. Adicione o ovo aos poucos. Peneire a farinha na mistura e mexa. Adicione o extrato de baunilha e o leite.

Coloque a mistura nas formas de bolinho com o auxílio de uma colher. Asse por cerca de 10 minutos, até crescer e dourar. Faça o teste com o palito e, se estiver no ponto, retire do forno e transfira para uma tela metálica, para esfriar.

Para decorar, verifique se nenhum dos cupcakes cresceu acima da borda da forminha de papel. Caso isso tenha acontecido, remova cuidadosamente o topo com uma faca serrilhada, criando uma superfície plana.

Derreta o chocolate em uma tigela refratária posicionada sobre uma panela com água em fervura lenta ou em um micro-ondas, e deixe de lado para esfriar um pouco. Misture o *cream cheese*, o *crème fraîche*, o extrato de baunilha e o açúcar de confeiteiro em uma tigela separada, e adicione o chocolate derretido.

Coloque a mistura de *cream cheese* sobre os cupcakes, nivelando com a borda das forminhas de papel. Resfrie por pelo menos 1 hora e meia, até solidificar. Decore com morangos.

A combinação de chocolate, marshmallows e nozes nestes cupcakes doces e molhadinhos é uma amostra do puro prazer. Se você realmente for louco por doces, pode espalhar mais minimarshmallows junto com as amêndoas e as raspas de chocolate. Se preferir uma versão mais adulta, deixe-os apenas na massa do bolinho.

cupcakes *rocky road*

115g/ 1 tablete/ 8 col. de sopa de manteiga, em temperatura ambiente

100g/ ½ xíc. de açúcar granulado

2 ovos

115g/ 1 xíc. de farinha com fermento

3 colheres de sopa de cacau em pó

3 colheres de sopa de leite

25g de raspas de chocolate branco

50g/ 1 xíc. de minimarshmallows

2 col. de sopa de amêndoas ou de castanhas-do-pará em lascas

para decorar

100g de chocolate meio amargo, picado

10ml/ ½ xíc. de creme de leite fresco

25g/3 col. de sopa de amêndoas ou de castanhas-do-pará em lascas

25g/ ¼ xícara de raspas de chocolate branco

Minimarshmallows (opcional)

Uma assadeira para 12 bolinhos

Rende 12 unidades

Pré-aqueça o forno a 180°C (350°F – Gas 4) e preencha a assadeira de bolinho com as forminhas de papel.

Bata a manteiga e o açúcar em uma tigela até ficar claro e fofo, e adicione os ovos, um por vez. Peneira a farinha e o cacau na mistura e mexa. Adicione o leite, seguido pelas raspas de chocolate, marshmallows e amêndoas/castanhas.

Coloque a mistura nas formas de bolinho com o auxílio de uma colher. Asse por cerca de 18 minutos, até crescer. O topo deve retornar à posição inicial, quando delicadamente pressionado. Retire do forno e transfira para uma tela metálica, para esfriar.

Coloque o chocolate em uma tigela refratária. Aqueça o creme em uma panela até quase ferver, despeje o chocolate e deixe descansar por 5 minutos. Mexa até ficar homogêneo e cremoso. Deixe esfriar por cerca de 30 minutos, até ficar espesso e brilhante.

Espalhe a mistura de chocolate sobre os cupcakes e salpique as amêndoas/castanhas, as raspas de chocolate e os marshmallows, se desejar.

Experimentar estes dourados cupcakes amanteigados com um pastoso recheio de limão e cobertura molhadinha de merengue italiano é o puro sabor do paraíso. Tente encontrar um creme em pote de qualidade realmente boa para o recheio, para que estes pequenos cupcakes tenham um gostinho de limão intenso de verdade.

cupcakes de merengue de limão

115g/ 1 tablete/ 8 col. de sopa de manteiga, em temperatura ambiente

100g/ ½ xíc. de açúcar granulado

2 ovos

115g/ 1 xíc. de farinha com fermento

Casca ralada e suco de 1 limão

3 colheres de sopa de creme de limão em pote

para decorar

150g/ ¾ xíc. de açúcar granulado

2 claras de ovo

Uma assadeira para 12 bolinhos

Um saco de confeitar com bico em estrela (opcional)

Rende 12 unidades

Pré-aqueça o forno a 180°C (350°F – Gas 4) e preencha a assadeira de bolinho com as forminhas de papel.

Bata a manteiga e o açúcar em uma tigela até ficar claro e fofo, e adicione os ovos, um por vez. Peneire a farinha na mistura e mexa, e adicione a casca e o suco do limão.

Coloque uma boa quantidade da mistura nas formas de bolinho, com auxílio de uma colher. Aplaine e faça um entalhe no centro de cada porção, usando a parte de trás de uma colher de chá. Recheie com uma porção generosa do creme de limão, e cubra com o restante da mistura de bolinho. Asse por cerca de 17 minutos, até crescer e dourar. Faça o teste com o palito e, se estiver no ponto, retire do forno e transfira para uma tela metálica, para esfriar.

Para decorar, coloque o açúcar e a clara de ovos em uma tigela e posicione-a sobre uma panela com água em fervura lenta. Bata constantemente por cerca de 5 minutos, até a mistura ficar espessa, brilhante e se manter em montinhos. Use um saco de confeitar com bico em estrela para criar uma espiral sobre cada cupcake ou enrole o merengue sobre os cupcakes com uma colher. A cobertura ficará firme com o tempo: para um merengue macio, deixe endurecer por ao menos 30 minutos; para um merengue firme, deixe por ao menos 3 horas.

Inspirado no clássico bolo Floresta Negra, estes encantadores cupcakes de chocolate se desmancham na boca, e são salpicados de cerejas doces e molhadinhas de kirsch. Se quiser passar dos limites no prazer, sirva-os com cobertura de chantilly, e complete com alguns rolinhos de chocolate meio amargo.

cupcakes de floresta negra

90g de chocolate meio amargo, picado

115g/ 1 tablete/ 8 col. de sopa de manteiga, em temperatura ambiente

115g/ ½ xícara de açúcar

2 ovos

2 col. de sopa de amêndoas moídas

150g/ 1¼ xíc. de farinha com fermento

1 colher de sopa de cacau em pó

2 colheres de sopa de kirsch

50g/ ½ xícara de cerejas cristalizadas, em metades

para decorar

100g de chocolate meio amargo, picado

100ml/ ½ xíc. de creme de leite fresco

1 colher de sopa de kirsch

12 cerejas cristalizadas

Uma assadeira para 12 bolinhos

Rende 12 unidades

Pré-aqueça o forno a 180°C (350°F – Gas 4) e preencha a assadeira de bolinhos com as forminhas de papel.

Derreta o chocolate em uma tigela refratária posicionada sobre uma panela com água em fervura lenta ou em um micro-ondas. Deixe de lado para esfriar.

Bata a manteiga e o açúcar em uma tigela até ficar claro e fofo. Adicione os ovos, um por vez. Adicione o chocolate derretido, depois as amêndoas. Peneire a farinha e o cacau na mistura e bata. Adicione o kirsch, seguido pelas cerejas cristalizadas.

Coloque a mistura nas formas de bolinho com o auxílio de uma colher. Asse por cerca de 20 minutos, até crescer. Faça o teste com o palito e, se estiver no ponto, retire do forno e transfira para uma tela metálica, para esfriar.

Para decorar, coloque o chocolate em uma tigela refratária. Aqueça o creme de leite em uma panela até quase ferver, despeje sobre o chocolate e deixe descansar por 5 minutos. Mexa até ficar homogêneo e cremoso. Adicione o kirsch e deixe esfriar por aproximadamente 1 hora, até ficar espesso e brilhante. Espalhe a cobertura sobre os cupcakes e complete com uma cereja cristalizada por cima.

índice